BEI GRIN MACHT SICH IHR WISSEN BEZAHLT

- Wir veröffentlichen Ihre Hausarbeit, Bachelor- und Masterarbeit

- Ihr eigenes eBook und Buch - weltweit in allen wichtigen Shops

- Verdienen Sie an jedem Verkauf

Jetzt bei www.GRIN.com hochladen und kostenlos publizieren

Bibliografische Information der Deutschen Nationalbibliothek:

Die Deutsche Bibliothek verzeichnet diese Publikation in der Deutschen National-
bibliografie; detaillierte bibliografische Daten sind im Internet über http://dnb.d-
nb.de/ abrufbar.

Impressum:

Copyright © 2016 GRIN Verlag, Open Publishing GmbH
Druck und Bindung: Books on Demand GmbH, Norderstedt Germany
ISBN: 978-3-668-18048-2

Dieses Buch bei GRIN:

http://www.grin.com/de/e-book/318357/die-duestere-geschichte-deutschlands-nach-
dem-zweiten-weltkrieg-eine-uebersicht

Mike G.

Die düstere Geschichte Deutschlands nach dem Zweiten Weltkrieg. Eine Übersicht über die Nachkriegszeit zwischen 1945 und 1949

Zusammenfassung in Stichpunkten

GRIN Verlag

GRIN - Your knowledge has value

Der GRIN Verlag publiziert seit 1998 wissenschaftliche Arbeiten von Studenten, Hochschullehrern und anderen Akademikern als eBook und gedrucktes Buch. Die Verlagswebsite www.grin.com ist die ideale Plattform zur Veröffentlichung von Hausarbeiten, Abschlussarbeiten, wissenschaftlichen Aufsätzen, Dissertationen und Fachbüchern.

Besuchen Sie uns im Internet:

http://www.grin.com/

http://www.facebook.com/grincom

http://www.twitter.com/grin_com

Nachkriegsdeutschland 1945 - 1949
Die Zeit der Zonenregierungen[1]

Vorwort

Als sich der Zweite Weltkrieg in Stalingrad wendete, führten die Invasion der Roten Armee und der Bombenkrieg der Westmächte gegen deutsche Großstädte zu zahlreichen Verlusten in der Zivilbevölkerung und massiven Zerstörungen. Besonders Wohnanlagen und die Infrastruktur wurden zerbombt, die Industrieanlagen waren nicht so sehr beschädigt, wie man es angenommen hatte. Die folgende Arbeit befasst sich mit den Folgen des Krieges für Deutschland, dessen staatliche Existenz aufgelöst wurde. Angefangen von den Konferenzen der „Anti-Hitler-Koalition" während des Krieges, über die Zoneneinteilung und -politik, bis hin zu der doppelten Staatsgründung wird in diesem Werk alles ausführlich erläutert und chronologisch wiedergegeben. Unterstützt werden diese Informationen durch Zusammenfassungen zeitgenössischer Reden (oder anderer Quellen), sowie einer recht zeitnahen Analyse eines Wirtschaftshistorikers. Dieses Quellenmaterial ist aus Gründen der Übersichtlichkeit gelb hinterlegt worden. Die vollständigen Texte (bzw. Auszüge) finden sich in beiden Bänden „Zeiten und Menschen" des Schöningh Verlages im Westermann (ISBN Band 1: 978-3140249706; Band 2: 978-3140249713). Die (zwei- bis dreistellige) Zahl neben jeder Überschrift steht für die Seitenzahl im Buch, der Buchstabe M, welcher von einer Zahl gefolgt wird, gibt die Quellenmarkierung im Buch wider. Es findet sich auch noch ein beigefügtes Übersichtsblatt über die ambivalente Umsetzung der 5D's (Demontage, Demilitarisierung, Demokratisierung, Dezentralisierung und Denazifizierung). Die Arbeit entstand vor dem Hintergrund eines Geschichte Leistungskurses im Jahre 2014 – 2016 und diente einigen Leuten als Prüfungsvorbereitung und Hintergrundwissen, aber auch um ihren Wissensdurst stillen zu können.

- **Ab 1941** fanden Konferenzen zwischen Amerika, UdSSR und England statt um über deutsche Zukunft zu reden.
- **1941 Atlantik Charta.**
- ⑩ **„4 Freiheiten"** (Selbstbestimmungsrecht der Völker, Garantie der Unabhängigkeit der Staaten, wirtschaftliche Gleichberechtigung, Verzicht auf Expansion) sollen Grundlage neuer Sicherheitsordnung werden.

> **Hintergrundwissen!**
> **Interessen der Sieger.**
> Amerika und England planten die Befreiung Deutschlands vom NS. UdSSR wollte dagegen Entschädigung und Expansion des Kommunismus.

- **Deklarationen in der Atlantik Charta von 1941.**[2]
- 1. Die USA und das Vereinte Königreich planen keine territoriale Expansion.
- 2. Territoriale Veränderungen innerhalb Europas müssen mit dem Selbstbestimmungsrecht der Völker rechtfertigt werden.
- 3. Den Nationen wird die Freiheit gewährt, sich ihre Regierungsform frei auszusuchen.
- 4. Zugang zum Weltmarkt für jeden Staat der Welt.
- 5. Kooperation zwischen den einzelnen Staaten der Weltgemeinschaft bezüglich der Rechte der Arbeiter, soziale Absicherung und wirtschaftliche Standards.
- 6. Garantie der Sicherheit der Völker, nachdem das Nazi-Imperium zerschlagen wurde.
- 7. Freiheit der Seefahrt.
- 8. Verzicht auf gewaltsame Auseinandersetzungen und machtpolitische Interessen sowie territoriale Expansionswünsche.
- **1944 Bretton Woods Konferenz.**
- ⑩ Auf Freihandel basierende, neue Handels- und Währungsordnung geschaffen.
- ⑩ Abstimmungsmechanismen sollten Krisen vermeiden, Dollar löst Pfund Sterling als Leitwährung ab.

---

[2]Quelle: https://en.wikisource.org/wiki/Atlantic_Charter aufgerufen im März 2016

- **30. April 1945 Hitler begeht Selbstmord.**
- **8. Mai 1945 Deutschland kapituliert bedingungslos.**
- **Gesamte Kriegsschuld Deutschlands** nie infrage gestellt, da Ursprung des Krieges in sozialdarwinistischer, nationalsozialistischer Ideologie lag.
- Zweiter Weltkrieg wurde von weltweiter Ausdehnung, waffentechnologischen Fortschritt (Panzer-, Flugzeug- und Raketentechnik, Atombombe) und rassistischer, menschenverachtender Ideologie der Nationalsozialisten geprägt.
- Nach Zweitem Weltkrieg war **Deutschland besetzt**, hatte Unabhängigkeit verloren und jede staatliche Ordnungsstruktur war zusammengebrochen, Deutsche galten als Volk unter **Besatzungsrecht.**
- => **Deutscher Staat hatte aufgehört zu existieren!**
- **Zerstörung** und **Elend** kennzeichneten Nachkriegswelt.
- Deutschland musste in letzten Kriegsjahren und Nachkriegszeit hohen Blutzoll leisten.
- ⑩ 8 Millionen Kriegsgefangene mussten schwer und hart für Wiederaufbau der Sowjetunion oder Frankreichs arbeiten; erst **1950** befreit.

> **Interessant!**
> **Trümmerfrauen.**
> Frauen übernahmen Aufräumarbeiten und versorgten ihre Familien.

- ▪ Familien zerstreut, Überleben von Vielen ungewiss, Flüchtlingsströme zogen ziellos durchs Land.
- Obdachlosigkeit, Armut und Elend allgegenwärtig.
- Heimat zerstört, aber auch bis dahin verbreitete NS Weltanschauung, welche sich als Irrweg herausstellte.
- Neben materieller Not griff noch Vielzahl an menschlichen und gesellschaftlichen Problemen um sich.
- ⑩ Junge Menschen mussten neues Wertesystem lernen, propagierte, wunderbar scheinende NS – Ideologie musste vergessen werden.
- => Begriff der „**Stunde Null**" geprägt, da Bruch in deutscher Geschichte begann.
- ⑩ Nationalsozialistische Haltung oder Erfahrung der Weimarer Zeit zeigten sich weiterhin in Köpfen, da Einmarsch der Alliierten als Niederlage oder als Befreiung angesehen.
- Care Pakete trafen aus USA ein um Deutsche mit Gebrauchs- und Nahrungsmitteln zu versorgen.
- → Amerikaner von Deutschen nicht mehr als Besatzer und Feinde angesehen.
- **Ost-West - Konflikt** führte dazu, dass Differenz zwischen Siegermächten bedeutsamer wurde als zwischen besiegten Deutschen und Siegermächten.
- → Siegermächte wollten machtpolitische und ideologische Interessen durchsetzen.

> **Gut zu Wissen!**
> **Situation nach dem Krieg.**
> **USA**: Reichtum, Truppen in aller Welt, A-Bombe.
> **UdSSR**: 20 Mio. Tote, zerstörte Infrastruktur, viele Schulden.
> **DE**: 1,5 Mio. Tote, 6 Mio. vergaste Juden.

- **4. - 12. Februar 1945 Konferenz von Jalta.**
- ⑩ Letzte Konferenz vor Kriegsende, geprägt von starkem Misstrauen der Regierungschefs.
- ⑩ England, UdSSR und USA finden kein endgültiges Ergebnis aber „gewisse" **Westverschiebung Polens** akzeptiert.
- ⑩ Deutschland soll **entmilitarisiert** und **entwaffnet** werden, Verpflichtung zu **Reparationszahlungen.**
- ⑩ England wollte starkes Deutschland als **Bollwerk gegen Kommunismus,** USA und Russland wollten Deutschland schwächen und zerstückeln.
- ▪ 5 Teile sollten entstehen, Churchill forderte nur 2.
- → Wird Deutschland aufgeteilt, fallen Besatzungskosten an und Reparation wird unmöglich.
- ⑩ **Frankreich** wird als 4. Besatzungsmacht hinzugezogen, **Verwaltung Berlins** soll gemeinsam stattfinden.
- ⑩ Grenzen der Besatzungszonen wurden endgültig festgelegt.

=> **4 D's (Demilitarisierung, Demokratisierung, Denazifizierung, Dezentralisierung)**
- **4 D's nur Formelkompromisse**.
- ⑩ Während Ost-West – Konflikt wird deutlich, dass Besatzer diese unterschiedlich verstehen und umsetzen.
- Konflikte in Besatzungspolitik, da Frankreich Saargebiet und UdSSR Reparation verlangte.
- ⑩ Besatzungsmächte wollten Einfluss auf gesamtdeutsche Entwicklung nehmen **und** Besatzungszone nach eigenen Vorstellungen gestalten.
- **Juni 1945 Befehl Nr.2** erlaubt Gründung antifaschistischer Parteien und Gewerkschaften in sowjetischen Besatzungszone.
- ⑩ Viele neue Parteien gegründet, e**inen Tag** danach wurde KPD gegründet, welche Sonderrechte bekam.
- Arbeitet eng mit **SMAD (Sowjetische Militäradministration)** für Wiederaufbau zusammen, gründet Einheitsfront der antifaschistischen, demokratischen Parteien.
- **17. Juli – 2. August 1945 Potsdamer Konferenz.**
- ⑩ Notwendigkeit der territorialen Neuordnung führte zur Konferenz zwischen neuem Präsidenten Truman (USA), Stalin (UdSSR) und Churchill bzw. Attlee.
- Stalin hatte eingeladen, ließ Truman und Churchill einen Tag warten und erschien in weißer Paradeuniform.
- Truman wartete auf Nachricht von erfolgreichen Atombombentests.
- ⑩ Siegermächte beenden Kriegspolitik und müssen Welt neu ordnen, Misstrauen zwischen UdSSR und USA deutlich geworden.
- ⑩ Zentrale Beschlüsse über Umgang mit Deutschland getroffen.
- **Rat der Außenminister** arbeitet Friedensvertrag aus, der über territoriale und staatliche Zukunft Deutschlands entscheidet.
- **Regierungsgewalt** liegt beim Oberbefehlshaber der Besatzungszone, darum territoriale Unterschiede.
=> Alle Fragen, die Deutschland betreffen werden einstimmig vom Kontrollrat beschlossen.
- Siegermächte bereichern sich als **Reparation** aus jeweiliger Besatzungszone durch Demontage von Industrieanlagen, UdSSR bekommt zusätzlich Geld aus den anderen Besatzungszonen.
- **Westgrenze Polens** wurde beschlossen.
- Rote Armee wollte handeln, USA und England stimmten Westverschiebung Polens nur unter Vorbehalt und vorläufig zu.
→ Umsiedlung der Schlesier nach Deutschland und der Ostpolen in neues Polen begann.
- Deutsche in Polen, Ungarn oder Tschechoslowakei dürfen nach Deutschland vertrieben werden.
→ Verstößt gegen **Atlantik – Charta**.
=> Besatzungszone wird zentrale politische Einheit, sodass Wiederaufbau und Verwaltung in Händen der Siegermächte lag.
→ Scheitelpunkt der Zeitenwende.
=> territoriale und politische Probleme nicht gelöst, durch **Formelkompromisse** wie „Demokratisierung" abgetan.
- ⑩ Unterschiedliche Ziele der Siegermächte führten zur Entwicklung verschiedener gesellschaftlicher, ökonomischer und politischer Systeme in sowjetischer und amerikanischer Zone.
- ⑩ Wichtigste Rolle spielten Truman (USA) und Stalin (UdSSR).
- Frankreich und England zwar Gewinner, aber keine weltpolitische Macht mehr.
=> USA und UdSSR zu führenden Weltmächten aufgestiegen.
- ⑩ **„Anti-Hitler – Koalition":** Zweckbündnis USA und UdSSR, die gegenseitige Differenzen für höheres Ziel (Sturz Hitlers) aufgaben.
- Aus Sieg erwuchs moralischer und machtpolitischer Anspruch auf führende Rolle in Weltpolitik.

=> Anspruch beruhte auf unterschiedlichen Ideologien und Zielvorstellungen, darum Konflikt schon vorprogrammiert.

⑩   Auf **Potsdamer Konferenz** ungelöstes, zentrales Problem war **Ausarbeitung eines Friedensvertrages**, welcher territoriale und staatliche Zukunft Deutschlands regeln sollte.
=> „**Deutsche Frage**".

⑩   **Außenministerkonferenz** sollte darüber entscheiden, aber Besatzungszonensituation schien dauerhaft zu bleiben, als keine gemeinsame Kooperation der Siegermächte und Austragung des Ost-West - Konfliktes in Deutschland stattfand.
=> Mit **Mauerfall 1989** und **2+4 - Vertrag** wurde "deutsche Frage" gelöst.
- 15 Millionen Flüchtlinge mussten integriert werden.

⑩   Vor Roter Armee, polnischen oder tschechischen Verbänden geflohen.

⑩   Nach <u>Artikel 3 des Potsdamer Abkommens</u> wurden **"Vertriebene"** (Westliche Besatzungszone) oder **"Umgesiedelte"** (Sowjetische Besatzungszone) aus Polen, Tschechien oder Ungarn vertrieben.
- Sollten laut Abkommen ordnungsgemäß überführt werden, jedoch in Realität hastig gezwungen.
- Flüchtlinge als Konkurrenten um Arbeit, Essen und Wohnraum wahrgenommen.
=> Bewältigung des Flüchtlingsproblems war größte Nachkriegsleistung deutscher Gesellschaft.
- **Kontrollrat** sollte **4 D's** und Demontage umsetzen.

⑩   **Demilitarisierung.**
- Deutsche Soldaten geraten in Gefangenschaft, in Sowjetunion wird ihnen Ähnliches angetan, was sie zugefügt haben, Waffen werden vernichtet.

⑩   **Demontage der Industrieanlagen.**
- Industrie sollte auf Stand von **1932** herabgesetzt werden.
- In sowjetischer Besatzungszone wurde alles Wertvolle (Eisenbahnschienen, Fabriken) eingezogen.

⑩   **Denazifizierung.**
- Reformen im Schulwesen, Kulturpolitik, Presse- und Rundfunkwesen sollten Deutschland umerziehen.
- In französischer Besatzungszone bekommen Nationalsozialisten nur Wahl- und Berufsverbote sowie andere Beschränkungen, nur wenige werden inhaftiert.
- In westlicher Besatzungszone wurde persönliche Verstrickung des Einzelnen im Nationalsozialismus geklärt und gemäß danach bestraft.
- **Fragebögen** bildeten Grundlage über Einteilung in Gruppen.
  - Zur eigenen Entlastung konnten Zeugnisse anderer Personen hinzugefügt werden.
→ Missbräuchliche, massenhafte Ausstellung der Zeugnisse führte zur Bezeichnung **"Persilscheine".**
- In sowjetischer Besatzungszone fand **strukturelle Entnazifizierung** statt.
- Volk wurde als verführt angesehen, Schuldige bereits verhaftet oder im Beamtentum zu suchen (Lehrer, Richter), Personen wurden entlassen, bestraft oder politisch eingeschränkt.
- **Internierungslager** in sowjetischer Besatzungszone eingerichtet.
  - Unter Deckmantel der Entnazifizierung findet <u>Ausschaltung der Opposition</u> statt.

⑩   **Demokratisierung.**
- Westmächte wollten Deutschland auf *Selbstbestimmungsrecht der Völker* gründen.
- Politischer Spielraum der Deutschen sehr eingeschränkt, Ziel war Demokratie im freiheitlichen, selbst bestimmenden und offenen politischen Verständnis.
- UdSSR wollte Faschismus vernichten und geknechtete Völker befreien.
- Laut Leninismus – Marxismus bedeutet Bekämpfung des Faschismus Bekämpfung des Kapitalismus zugunsten des Kommunismus.
- Nach verlustreichem Krieg erwuchs **Sicherheitsbedürfnis** der UdSSR, weshalb

„**Sicherheitsgürtel**" abhängiger „**Bruderstaaten**" an Westgrenze angestrebt wurde (Bulgarien, Rumänien, Polen, Tschechoslowakei, Ungarn, Jugoslawien, Albanien) => „**Sowjetisierung**".
• Demokratie bedeutet kommunistische Partei an führende Stelle zu bringen und kommunistische Staats- und Gesellschaftsordnung zu etablieren.
• SED riss schnell Macht an sich und repräsentierte sich nach Außen hin demokratisch.
=> Demokratisierungsprozesse fielen in einzelnen Besatzungszonen unterschiedlich aus.
• **Seit dem 20. November 1945 tagt Gericht in Nürnberg.**
Ⓙ Führt Anklage gegen 24 führende NS – Personen und sechs Kollektive (SS, SA, NSDAP, deutsche Regierung, Gestapo und Oberkommando der Wehrmacht).
Ⓙ **Vier Anklagepunkte**: <u>Verschwörung gegen den Frieden</u>; <u>Verbrechen gegen den Frieden</u>; <u>Kriegsverbrechen</u> und <u>Verbrechen gegen die Menschlichkeit</u>.
• Frage nach Integration der Belasteten stellt sich, sodass zunehmend <u>Kompromisse</u> zwischen Strafgedanken und Rehabilitation gemacht wurden.
• Befreiung von NS – Herrschaft führte zur Bildung zweier Staaten auf deutschen Boden.
Entstanden durch 2 Faktoren:
1. Status eines Volkes unter Besatzungsrecht.
2. Weltumspannender Ost-West – Konflikt, welcher die **Deutschlandpolitik** beeinflusste.
=> Deutschland hatte keinen Einfluss auf seine Zukunft.
• Viele Entscheidungen waren provisorisch gedacht, blieben dann aber Realität.
=> Frage nach **Handlungsspielraum** (deutscher) Politiker für Zukunft Deutschlands.

Ambivalente Umsetzung der 5 D's in Westzonen und SBZ

	Westzonen	Sowjetische Besatzungszone
Demilitarisierung	Entwaffnung der Bevölkerung für mindestens eine Generation.	Deutsche Soldaten in Gefangenschaft geraten, wo an ihnen Rache geübt wurde.
Demontage	*März 1946 Industrieniveauplan gab Quoten für Industriekapazität und abzubauende Unternehmen vor.* In Westzonen werden – außer von Frankreich – weniger Unternehmen als erlaubt abgebaut, da Widerspruch zur deutschen Selbstversorgung.	Sowjetunion beutete ihre Zone aus und nahm sich alles Wertvolle: Gebäude, Eisenbahnschienen, Fahrräder etc.
Denazifizierung	Nationalsozialistische Symbole (an Kleidung, Architektur) entfernt, KZ Dokus und Schließung der Schulen traf auf großen Widerstand. Reformen im Schul- und Pressewesen umgesetzt. Persönliche Verstrickung im Nationalsozialismus anhand von Fragebögen abgeklärt → „Persilscheine". **1946 Befreiungsgesetz** teilt Bevölkerung in 5 Gruppen ein, Spruchkammern als provisorische Gerichte eingesetzt, welche Berufserlaubnis austeilen. *25. November 1945 Nürnberger Prozesse: Gemeinsame Bestrafung von 24 führenden NS – Personen und sechs Kollektiven (SS, SA, NSDAP, deutsche Regierung, Gestapo und Oberkommando der Wehrmacht).* *16. Oktober 1946 – 1949 Nürnberger Nachfolgeprozesse: Anklage gegen Bevölkerungsgruppen z.B. Ärzte die Euthanasie durchführten.*	**Strukturelle Entnazifizierung** durchgeführt, Volk als verführt angesehen, Schuldige im Beamtenapparat zu suchen. **Marxismus – Leninismus** prägte Gedankengänge. Faschismus als weiterentwickelte Form des Kapitalismus angesehen, Zerstörung des Faschismus bedeutet Zerstörung des Kapitalismus für Kommunismus. In **Internierungslagern** fand Ausschaltung der Opposition unterm Deckmantel der Entnazifizierung statt. **1948** Entnazifizierung offiziell beendet worden.
Demokratisierung	Deutschland sollte auf **Selbstbestimmungsrecht der Völker** gegründet werden, bürgerlich-formalistische Demokratie werden. Ausbau der Presselandschaft nach Erwerb staatlicher Lizenzen. **Frühjahr 1946** Gründungserlaubnis für Parteien. Schrittweise Übertragung der Verwaltungsrechte. **5. Juni 1947 Marshallplan.** **1. Juli 1948 Frankfurter Dokumente an deutsche Delegation überreicht.**	**Sowjetisierung.** **Marxismus-Leninismus** fordert Vorbereitung des Staates und der Bevölkerung auf Kommunismus. Arbeiterpartei SED an Spitze der Regierung gesetzt und diktatorischen Machtspielraum überlassen. **21. und 22. April 1946 „Demokratischer Zentralismus":** Staatsorgane sind von unten nach oben zu wählen, danach aber bedingungsloser Gehorsam der unteren Organe gegenüber den oberen.

6

- **Ab Frühjahr 1946** Gründungserlaubnis für Parteien mit staatlicher Lizenz.
- Parteien wollten sich zusammenfassen und keine Splitterparteien bilden.
- Viele Parteien gegründet, aber nur **CDU, CSU, FDP, KPD,** und **SPD** von Bedeutung.
- **SPD** betonte freiheitliche Grundeinstellung und antifaschistische Tradition (Gegen Ermächtigungsgesetz).
- **CDU/CSU** wollten überkonfessionell sein, Zersplitterung der Weimarer Zeit vermeiden.
- **FDP** vereinigte liberale Parteien der Weimarer Zeit (DDP und DVP).

=> **Nach kurzer Zeit etablierte sich Dreiparteiensystem aus CDU/CSU, SPD und FDP.**

- **April 1946** Vereinigung der SPD und KPD in sowjetischer Besatzungszone zur **SED** (**sozialistische Einheitspartei Deutschlands**).
- **21. und 22. April 1946** Einigungsparteitag der SED.
- **„Demokratischer Zentralismus"** wird neues innerparteiliches Prinzip.
- Parteiorgane von unten nach oben zu wählen, dann aber bedingungsloser Gehorsam von unten.
- Offene Kritik bzw. Gründung von Meinungszirkeln als „Fraktionsbildung" angesehen und verfolgt.
- **Juli 1946 Scheitern der 2. Außenministerkonferenz.**
- Ende der gemeinsamen Deutschlandpolitik wird deutlich.
- USA und England konzentrierten sich auf Entwicklung eigener Zone, nahmen Teilung in Kauf.

→ Umstritten ob Zufall oder Absicht.

- **6. September 1946 Rede des amerikanischen Außenministers Byrnes in Stuttgart.**
- Stellte wirtschaftlichen Wiederaufbau und politische Souveränität der Westzone in Aussicht.
- Wollte Regierungsgeschäfte in deutsche Hände übergeben und aus wirtschaftlichen Gründen Einheit fördern.

=> Nun keine Schwächung sondern Stärkung Deutschlands gegen Kommunismus gewollt, **Politikwechsel !**

- **6. September 1946 Rede Byrnes' in Stuttgart (388/M1).**[3]
- *UdSSR schlägt vereintes Deutschland vor, Rede ist amerikanische Antwort.*
- USA wurde zum Beitritt in beide Weltkriege gezwungen.
- Nach Erstem Weltkrieg haben sich USA nicht für Europa interessiert, kein Völkerbundsbeitritt.
- Fehler wird nicht wiederholt werden.
- USA will dauerhaften Frieden, darum in europäische Angelegenheiten einmischen.

=> Zu harte Bestimmungen gegen Deutschland schaden Frieden, zu milde laden zum Bruch ein.

- In Potsdam auf Entwaffnung und Entmilitarisierung eine deutsche Generation lang geeinigt.

→ Militarismus sollte ausgelöscht werden.

- Entmilitarisierung bietet Chance deutsche Fähigkeiten für Frieden einzusetzen.

→ Folgen werden Freundschaft mit friedliebenden Völkern und Beitritt in UN sein.

- Deutschland soll keine Schachfigur im Ost-West - Konflikt werden.
- Um Industrie auf Stand von 1932 zu bringen, müssen alle Beschränkungen aufgehoben werden.
- Besatzungszonen wegen Entmilitarisierung und Entnazifizierung errichtet, nicht um Frieden

Geschmacklos! Aufarbeitung der Vergangenheit
Nach dem Krieg begannen Zeitgenossen mit der schonungslosen Aufarbeitung.

Kontrovers! Pressewesen.
Westzone erlaubt Gründung eigener Zeitungen.In SBZ kontrolliert SMAD die Medien genau.

---

[3]Online wiederzufinden unter: http://www.byrnes-rede.de/index.php?id=3271 aufgerufen im März 2016

zu stören.

- Potsdamer Beschlüsse sagten, dass noch keine zentrale deutsche Regierung entstehen soll.
- ⑩ Erst wenn Deutschland demokratische Grundzüge trägt.

=> Zeit sei nun gekommen Deutschland Souveränität zu gewähren.

- In amerikanischer Besatzungszone wurden Fortschritte in örtlicher Selbstverwaltung und Landesselbstverwaltung erzielt.

→ In allen Zonen möglich.

- Deutsche Regierung sollte nicht von außen bestimmt werden, soll aus Nationalrat mit demokratisch gewählten Ministerpräsidenten entstehen.
- ⑩ Deutschland soll nicht unter in- oder ausländischer Diktatur leben oder von äußeren Einflüssen bestimmt werden.

→ Hofft, dass sich Deutschland freiheitlich und demokratisch entwickelt.

- Westgrenze Polens in Potsdam beschlossen worden.
- ⑩ Einige Ostgebiete (z.B. Schlesien) nicht von UdSSR besetzt worden, sondern provisorisch unter polnische Verwaltung gestellt worden.
- In Jalta hat Polen sowjetische Gebiete vom Hitler-Stalin - Pakt abgetreten.
- ⑩ Darum will Polen neue nördliche und westliche Grenzen.
- ■ USA ist dafür, aber erst ist noch genauer Umfang zu bestimmen.
- Saargebiet ist an Frankreich abzutreten, da Deutschland in den letzten 70 Jahren dreimal eingefallen ist.
- ⑩ Dann aber Reparationsansprüche Frankreichs zu ändern.

=> **Weichenstellende Rede**, zeigt politische Zukunft an (Bizone, Sonderweg der UdSSR).

- **16. Oktober 1946 Urteilsverkündung des Nürnberger Gerichtes.**
- ⑩ 12 Todesurteile, 3 Freisprüche und lange Haftstrafen.
- Nürnberger Prozesse sahen Befürworter als Lehrprozess sowie Weiterentwicklung des internationalen Rechts, Gegner sahen darin Rache-Siegerjustiz.
- **Ab 1946 Befreiungsgesetz in westlicher Besatzungszone zur Entnazifizierung.**
- ⑩ Personen in 5 Gruppen eingeteilt:

1. Haupt-schuldige.	2. Belastete (Aktivisten, Militaristen, Nutznießer).	3. Minder-belastete.	4. Mitläufer.	5. Entlastete.

- **Spruchkammern** mit Laienrichtern besetzt um Entnazifizierung durchzuführen.
- ⑩ Wer Beruf ausüben wollte, musste Unschuld vor diesen Gerichten beweisen.
- **1. Januar 1947 Bizone entsteht.**
- ⑩ USA und England schließen Zonen wirtschaftlich als Provisorium zusammen.
- ⑩ Durch Ost-West - Konflikt wurde Bizone zum Staat ausgebaut sowie Verwaltungs- und politische Organe in Frankfurt zusammengefasst.
- **12. März 1947 Truman Doktrin.**
- ⑩ Anlass war sowjetische Weigerung Truppen aus der Türkei abzuziehen und Unterstützung der Kommunisten im griechischen Bürgerkrieg.
- ⑩ Sicherte allen kommunistisch bedrohten Ländern finanzielle Unterstützung und Hilfe zu.

→ Zentrales Dokument der amerikanischen **Containment – Politik.**

- **12. März 1947 Trumans Rede vor dem Kongress (Truman – Doktrin) (246/M1).**[4]

Wichtig !
Versorgungsprobleme der Deutschen:
Bombenkrieg hat mehr als 50% des deutschen Wohnraums zerstört, Infrastruktur hat schwere Schäden erlitten, Grundversorgung mit Wasser, Strom und Gas wurde unterbrochen. Industrieanlagen weniger schlimm betroffen als erwartet. Viele Millionen deutsche Flüchtlinge aus Osten müssen versorgt werden.

---

[4]Online auch wiederzufinden unter: https://en.wikisource.org/wiki/Truman_Doctrine aufgerufen im März 2016

- Ernst der Lage macht das Thema der Rede notwendig.
- Griechischer Staat wird in Grundlagen seiner Existenz bedroht.
- ⑩ Von Kommunisten bewaffnete Männer verbreiten Terror und untergraben die Autorität der Regierung.

=> Griechenland hat die USA um wirtschaftliche und finanzielle Unterstützung gebeten.

- Zukunft der Türkei sei ebenso wichtig für die freiheitsliebenden Völker der Welt wie die Zukunft Griechenlands.
- ⑩ Ist sich der Folgen einer finanziellen und wirtschaftlichen Unterstützung Griechenlands und der Türkei bewusst.
- Das erste außenpolitische Ziel der USA sei es, Leben ohne Zwänge oder Furcht zu ermöglichen.
- ⑩ Diese Einstellung prägte auch das Vorgehen Amerikas im Zweiten Weltkrieg.

=> Deshalb hat die die USA an der Gründung der UN beteiligt.

- UN könne aber keinen Frieden schaffen, wenn nicht andere, freiheitsliebende Völker und Einrichtungen vor aggressiven Bewegungen, welche ihnen von totalitären Regimen aufgezwungen werden, beschützt werden.
- Steht offen zu der Ansicht, dass totalitäre Regime den Weltfrieden und die Sicherheit der USA gefährden.
- Amerika hat offen gegen den Bruch des Jalta Abkommens in Polen, Rumänien und Bulgarien protestiert.

=> In dieser Zeit muss beinahe jede Nation die Wahl der Lebensweise treffen, welche nicht immer freiwillig erfolgt.

- Lebensweise der USA gründet sich auf Freiheit (der Meinung, Religion, Versammlung, Gewissen, der individuellen und der Freiheit vor Unterdrückung).

=> Gegründet auf dem Willen der Mehrheit der Menschen.

- Lebensweise der UdSSR zeichnet sich durch Unterdrückung (persönliche und politische Freiheit), Zensur (Presse und Medien) sowie Terror aus.

=> Wille einer Minderheit, welcher der Mehrheit aufgezwungen wurde.

- Politik der USA soll freien Völkern helfen ihr Schicksal selbst in die Hand zu nehmen.
- ⑩ Unterstützung in Form von wirtschaftlicher und finanzieller Hilfe gewährleisten, wodurch wirtschaftliche Stabilität und eine geordnete Politik entstehen wird.

→ Rät nur dazu, da eine Alternative viel schlimmer wäre.

- Obwohl der Zweite Weltkrieg ca. 341Mrd Dollar kostete, lohnte es sich und wird als Investition in den Frieden und die Freiheit angesehen.
- ⑩ Hilfen an Griechenland und der Türkei sind lächerlich gering für Amerika im Vergleich zu den hohen Ausgaben des Zweiten Weltkrieges.

=> Nur so wären die 341Mrd. Dollar nicht umsonst ausgegeben worden.

- Totalitäre Regime sorgen für Elend, Mangel, Armut und Gewalt.
- ⑩ Diese gewinnen an Macht, wenn die Hoffnung auf Besserung im Volk versagt.

=> Freie Völker erwarten von Amerika die Freiheiten und den Weltfrieden zu unterstützen.

- Ein Zögern der USA wird dem Frieden der Welt und die Wohlfahrt Amerikas nachhaltig gefährden.
- ⑩ Die Geschwindigkeit der Ereignisse hat den USA eine große Verantwortung und Aufgabe auferlegt.

- **31. Mai 1947 „Magnet-Theorie" entwickelt.**
- ⑩ Westzonen sollen soziale und ökonomische Tatsachen schaffen, damit Deutsche aus sowjetischer Besatzungszone wie Magnet angezogen werden.
- **Wirtschaftshistoriker Abelshauser über die Magnettheorie.**[5]

---

[5]Online wiederzufinden unter http://www.ifz-muenchen.de/heftarchiv/1979_4_6_abelshauser.pdf aufgerufen im März

- **31. Mai 1947** hält Krut Schumacher (SPD) eine Rede über die Bildung eines Bizonen-Wirtschaftsrates.
- ⑩ „Man muss soziale und ökonomische Tatsachen schaffen, die das Übergewicht der drei Westzonen über die Ostzone deklarieren."
- ⑩ Westen soll zum „ökonomischen Magneten" werden um die Macht der Ostzonenregierung zu untergraben.
=> Nur so ist die deutsche Einheit möglich, auch wenn es ein langer und schwieriger Weg werden wird.
- Magnettheorie wurde zur deutschlandpolitischen Rechtfertigung der Westorientierung.
- ⑩ In den Köpfen und dem späteren Grundgesetz war aber die deutsche Einheit als primäres Ziel deutscher (Außen-)Politik verankert.
- Ausrichtung der wirtschaftlichen und politischen Entscheidungen auf den Westen und Fokus auf Ausbau der eigenen Zone waren kein Resultat der undemokratischen Zwangsvereinigung der sozialdemokratischen Parteien in der sowjetischen Besatzungszone oder der Ausdruck des Willens den Westen im aufkommenden Ost-West – Konflikt zu unterstützen.
- ⑩ Man wollte eine direkte deutsche Einheit umgehen, weil man den sowjetischen Einfluss in Gesamtdeutschland fürchtete.
- ⑩ Deutsche Einheit müsste sich auf die Arbeiterschaft und die Befürworter der „Rapallo-Politik" aus der Weimarer Republik stützen, welche aber nicht einflussreich genug waren.
- Hans Schlange-Schöningen schien der vielversprechendste Kandidat für die CDU-Führung zu werden.
- ⑩ Wollte die deutsche Einheit herbeiführen und die Arbeiterschaft (auch die SPD) unterstützen, sodass der Einfluss des Kommunismus verschwindend gering wird.
- Schlange-Schöningen verlor aber schrittweise seine (Macht-)Basis in der CDU.
- ⑩ Gruppierung von Flüchtlingen und Vertriebenen innerhalb der CDU lehnte seine Vorgehensweise ab, da es eine Radikalisierung mit sich ziehen würde.
- ⑩ Wegen der versuchten Wiedererstarkung des „katholischen, ultramontanen Charakters" der CDU wendeten sich die Protestanten der CDU von ihm ab.
- ⑩ Die Zustimmung in der Landwirtschaft verspielte er, weil er die Bauern nicht zu Ungunsten des Verbrauchers unterstützen wollte.
- ⑩ Durch seinen agrarwirtschaftlich begründeten (und aus heutiger Sicht sinnvollen) Vorschlag einer Bodenreform verlor er den Rückhalt der Konservativen in der CDU.
- ⑩ Sein Konkurrent Adenauer musste ihn öffentlich auf die „Meinungsverschiedenheiten" der Union und den Sozialdemokraten hinweisen.
=> Einzige Hoffnung auf eine vorzeitige deutsche Einheit erlischt.
- Im zweiten Quartal des Jahres 1946 hatte die britische Zone 1/3 der Vorkriegsproduktion erreicht, die Ostzone „wahrscheinlich" bereits 50%.
- ⑩ Die Bodenreform verhalf vielen arbeitslosen Deutschen einen Arbeitsplatz zu erhalten und integrierte die Flüchtlinge und Heimatvertriebenen.
→ 1946/47 war der Lebensstandard in der SBZ (ein wenig) höher als in den Westzonen.
=> Magnettheorie kam nur deshalb so gut an, da der Antibolschewismus im westdeutschen Bürgertum weit verbreitet war und die SPD die Arbeiterschaft geschlossen hinter sich vereinen konnte.

- **5. Juni 1947 European Recovery Program (ERP, Marshallplan) verkündet.**
- ⑩ Gewährung von Zugeständnissen und Krediten, sowie Lieferungen von Rohstoffen und Fertigwaren an Europa sollten Weltwirtschaft aufschwingen lassen und Demokratisierung ermöglichen, denn im Gegenzug westliche Marktwirtschaft aufbauen und stabile Währung besitzen.
→ Gesamte Leistungsfähigkeit amerikanischer Wirtschaft zum Kampf gegen Kommunismus

eingesetzt.

=> Wende in US – Politik.

- ▪ UdSSR nimmt Angebot nicht an, Forderung nach stabiler Währung war erhebliches Hindernis.
- • **5. Juni 1947 Rede über den Grundgedanken des Marshall-Planes (247/M2).**[6]
- • Man hat bei den Finanzhilfen durchaus die menschlichen Verluste (an Arbeitskräften) und sichtbare Zerstörungen (Städte, Fabriken, Infrastruktur) miteinkalkuliert.
- ⑩ Aber nicht, dass die europäische Völkergemeinschaft zerstört ist.
- • Kriegsanstrengungen führen dazu, dass die „friedlichen" Maschinen verfielen und das nationale Vertrauen in die Währung verfiel.

=> Der Krieg hat das europäische Geschäftsleben zusammenbrechen lassen.

- • Nur elementare Hilfen wie Nahrungsmittel und andere existentiellen Gütern wird nicht ausreichen um den äußerst ernsten wirtschaftlichen, sozialen und politischen Verfall zu verhindern.
- ⑩ Deutschland mit Nahrungsmitteln am Leben zu erhalten, verursacht letztlich nur Kosten, keine langfristigen Gewinne.

=> Man muss das Vertrauen der Europäer in die wirtschaftliche Zukunft Europas wieder wecken.

- • Dazu wird eine stabile Währung dringend benötigt.
- • Abgesehen von den Hoffnungen, welche Vorhaben in der gesamten Welt wecken und abgesehen von den Ängsten, dass sich Europa zu einem einzigen, riesigen Krisenherd entwickeln wird, wird ein wirtschaftlicher Aufschwung Europas letztendlich der amerikanischen Wirtschaft förderlich sein.
- • Ohne eine stabile Wirtschaft gibt es keine gesunde, staatliche Politik.
- • Ziel der US amerikanischen Politik ist die Bekämpfung von Hunger, Armut, Elend und Chaos um die sozialen und politischen Bedürfnisse stillen zu können, wodurch die Völker wahrhaftig frei sein können.
- • Länder, welche beim Wiederaufbau helfen, werden unterstützt; Länder, welche jenen Aufbau hemmen, nicht.
- • Amerika wendet sich gegen Regierungen, politische Organisationen und Gruppierungen, welche das menschliche Elend zum Dauerzustand machen wollen.
- • Hilfen werden erst versendet, wenn europäische Regierungen Sanierungspläne aufgestellt haben, da diese besser wissen was zu tun ist als die ausländischen USA.
- • Aufgabe Amerikas ist Unterstützung beim Aufstellen der Sanierungspläne, soweit es für die USA selbst praktisch ist.

=> Wenn auch nicht alle europäischen Regierungen Hilfe wollen, so sollen es doch viele sein.

- • Hilfe kann nur gelingen, wenn amerikanische Bevölkerung das Problem und die Hilfsmittel versteht.
- ⑩ Schwierigkeiten werden nur genommen, wenn das amerikanische Volk den Willen und die Voraussicht aufweist, die von der eigenen Geschichte auferlegte Verantwortung auch zu tragen.
- • Durch radikalen Kurswechsel USA stimmte Stalin in Öffentlichkeit Wiederaufbau eines einheitlichen deutschen Staates zu.
- ⑩ Hoffte dadurch Reparationsforderungen durchsetzen zu können und Zustimmung deutscher Bevölkerung zu erlangen.
- ⑩ Da Westmächte keinen Kompromiss eingehen wollten, gliedert Stalin seine Besatzungszone in **osteuropäische Pufferzone** ein.
- • Truman Doktrin und Marshallplan bestätigen sowjetische Meinung, USA wolle durch militärische Macht und ökonomische Vorherrschaft andere Staaten in Abhängigkeit bringen.
- • Marshallplan bedeutete – laut UdSSR – Unterordnung der Staaten in amerikanischen handels- und wirtschaftspolitischen Vorstellungen.

---

[6]Online wiederzufinden unter http://www.europa.clio-online.de/site/lang__de/ItemID__452/mid__11373/40208215/default.aspx aufgerufen im März 2016

- ⑩ UdSSR verbot ihren Staaten Annahme und begann die **Abschottung und Abkapselung.**
- • **Dezember 1947 5. Außenministerkonferenz abgebrochen.**
- → Einigung über deutsche Frage ausgeschlossen.
- ⑩ SED wollte Sammelbewegung *„Deutscher Volkskongress für Einheit und gerechten Frieden"* initiieren.
- => Durch Ablehnung der Westalliierten blieb Einfluss auf sowjetische Besatzungszone beschränkt.
- ■ Westalliierte fürchteten sozialistischen Einfluss auf den gesamtdeutschen Staat.
- • **Dezember 1947** Einberufung des **ersten deutschen Volkskongresses** in sowjetischer Besatzungszone.
- ⑩ Keine Wahl, da SED Teilnehmer bestimmte.
- ⑩ Über 90% der Richter entlassen, personelle Engpässe nur provisorisch geschlossen.

> **Interessant! Entnazifizie-rung in SBZ.**
> Seit **1947** nur noch Unterteilung in nominelle und aktive Mitglieder. **1948** Ende der Entnazi-fizierung.

- • **Anfang 1948** entstand bereits **Vorform der BRD.**
- ⑩ Exekutivrat aus 8 Bundesländern und Wirtschaftsrat entsprachen deutscher Regierung mit Parlament.
- • **Februar – März 1948 Sechs-Mächte-Konferenz.**
- ⑩ USA, England, Frankreich, Benelux beraten über deutsche Zukunft.
- => Bollwerk gegen Kommunismus gewollt.
- • **März 1948 Volksrat** vom zweiten Volkskongress in SBZ **eingesetzt** worden.
- ⑩ Sollte eigene Verfassung ausarbeiten, wegen Staatsgründungsplänen der Westmächte.
- • **3. Juni 1948 Weststaatslösung** durch Westmächte angekündigt.
- • **20. Juni 1948 Währungsreform in Westzone.**
- ⑩ Währungsreform war Grundlage um von *Zwangswirtschaft* zur wettbewerbsorientierten *Marktwirtschaft* zu gelangen.
- • In sowjetischer Besatzungszone wurde **Zentralverwaltungswirtschaft** beibehalten.

Soziale Marktwirtschaft	Planwirtschaft
Wirtschaftlicher Wettbewerb, freier Markt. Eigeninitiative; Berufs- und Gewerbefreiheit. Recht auf Privateigentum an Produktionsmitteln. Produktion orientiert sich an Nachfrage. Merkmal: **Massenkonsumgesellschaft.** Ziel: Wohlstand für breite Massen. => In **1950er und 60er Jahren** stieg Lebensstandard; größere Anschaffungen, Konsumartikel, Reisen. → Ungleiche Verteilung des Wohlstandes.	Alle ökonomischen Prozesse werden planmäßig und zentral gelenkt. Kein Privateigentum an Produktionsmitteln. Volkseigene Betriebe (VEB) und landwirtschaftliche Produktionsgenossenschaften (LPG). Merkmal: **Bedarfsdeckung** Ziel: Vollbeschäftigung; Krisensicherheit; Bedürfnisbefriedigung durch staatliche Subventionen. => Steigender Lebensstandard (nur 50-75% des Westniveaus) aber Mangelwirtschaft.

- • **24. Juni 1948 – 12. Mai 1949 Berlin Blockade.**
- ⑩ UdSSR brüskiert Westmächte, da es Zufahrtswege nach Westberlin sperren lässt.
- ⑩ Sollte offiziell Teilung Berlins durch Währungsreform verhindern.
- ■ Eigentliches Ziel war Ausbau der Macht in Westdeutschland.
- ⑩ Statt für militärischen Angriff, für Luftbrücke entschieden, welche Berliner Bevölkerung mit Lebensmitteln und Rohstoffen versorgt.
- ■ Zeigt, dass Westmächte keine territoriale Expansion billigen, aber militärische Mittel scheuen.
- • **1. Juli 1948 Frankfurter Dokumente an deutsche Delegation überreicht.**
- ⑩ Verfassungsgebende Versammlung einberufen, Länder werden neu geordnet.

ⓘ   Besatzungsstatus auf Grundzüge beschränkt, aber dauerhaft geworden.
=> Wendepunkt vom alliierten <u>Kriegsrecht</u> zur deutsche <u>Eigenverantwortung</u>.
•   Westdeutsche Politiker skeptisch, da Eigenverantwortung Teilung Deutschlands verschärft.
ⓘ   Handlungsspielraum innerhalb der jeweiligen Systemgrenzen vorhanden, aber nur geringste Änderungswünsche vorgenommen.
→ Geprägt von Konkurrenz in Politik und Gesellschaft, man wollte andere Seite übertreffen.
=> Gesamtdeutsche Lösung offengehalten, provisorischer Charakter des neuen Staates gezeigt.
•   **1. Juli 1948 Inhalt der Frankfurter Dokumente.7**
•   *Dokument 1 – Grundlinien für die Verfassung.*
ⓘ   Militärgouverneure autorisieren die Ministerpräsidenten der Länder ihrer Zonen eine verfassungsgebende Versammlung bis zum **1. September 1948** einzuberufen.
ⓘ   Wahlverfahren soll von der legislativen Körperschaft der einzelnen Zonen festgesetzt werden.
ⓘ   Gesamtzahl der Abgeordneten wird anhand der Einwohnerzahl der drei Westzonen dividiert durch 750.000 (oder einer ähnlichen Zahl) errechnet.
ⓘ   Versammlung soll eine demokratische Verfassung für einen föderalen Staat ausarbeiten, welcher die deutsche Einheit wiederherstellen sollen kann.
▪   Rechte der einzelnen Länder sollen geschützt werden und Zentralinstanz soll geschaffen werden, welche individuelle Rechte der Bevölkerung schützen kann.
ⓘ   Wenn der Vorschlag ausgearbeitet wurde, müssen die Militärgouverneure diesem zustimmen.
ⓘ   Referendum mit mindestens einer einfachen Mehrheit soll über die Verfassung abstimmen, sind mehr als 2/3 der Länder für die Verfassung, so wird sie angenommen.
•   *Dokument 2 – Aufforderung zur Überprüfung der Ländergrenzen.*
ⓘ   Ministerpräsidenten sollen die Grenzen der Länder nach historischen Überlieferungen bestimmen und ein Übergewicht einzelner Länder verhindern.
•   *Dokument 3 – Grundsätze des Besatzungsstatutes.*
ⓘ   Die Militärgouverneure verzichten nach Verabschiedung der Verfassung auf ihre Befugnisse der Rechtsprechung, Gesetzgebung und Verwaltung.
ⓘ   Bereiche, welche die Militärgouverneure vorläufig noch leiten werden:
▪   Außenwirtschaftliche Kontrollen und Einhaltung der Verpflichtungen.
▪   Auswärtige Beziehungen und Repräsentation gegenüber dem Ausland.
▪   Kontrolle über Abrüstung, Forschung, Internationale Ruhrbehörde, Reparation, Stand der Industrie, Dekartellisierung und Entmilitarisierung.
▪   Ansehen der Besatzungsstreikkräfte schützen.
▪   Einhaltung der Verfassung beobachten / begutachten.
ⓘ   Militärgouverneure dürfen jederzeit die vollständige Kontrolle über ihre Zone übernehmen, wenn eine Gefahr für die öffentliche Sicherheit besteht, die Verfassung gebrochen wurde oder das Besatzungsstatut missachtet wurde.
•   **1. September 1948 Parlamentarischer Rat** (nicht „Volksversammlung" genannt) **tritt zusammen.**
ⓘ   Aus freien, geheimen und allgemeinen Wahlen hervorgegangen, da Landtage gemäß der Stimmenverteilung Vertreter entsandten.
ⓘ   Keine Verfassung, sondern *provisorisches Grundgesetz* ausgearbeitet.
•   **Januar 1949** Erste Parteikonferenz der SED.
ⓘ   SED in **Partei neuen Typs** umgewandelt um Differenzen zwischen SPD und KPD Anhängern anzugleichen, nach Vorbild der KPdSU.
•   **8. April 1949 Trizone gegründet.**
ⓘ   Französische Besatzungszone schließt sich wirtschaftlicher Union der Bizone an.
•   **8. Mai 1949 Grundgesetz verabschiedet.**

---

[7] Online wiederzufinden unter http://www.documentarchiv.de/brd/frftdok.html aufgerufen im März 2016

- Griff Tradition von **1848** auf und <u>Erfahrungen</u> der <u>Weimarer Republik</u> und des <u>Nationalsozialismus</u>.
- Verfassung sollte gegen verfassungsfeindliche Aktivitäten geschützt sein und Regierung stabilisieren.
- **Präambel des Grundgesetzes.8**
- Übernahme von Verantwortung für politische Gestaltung der BRD.
- Staatliche und nationale Einheit als Ziel → Vorläufigkeit / Provisorium.
- Einbindung in friedliches Europa unter Abkehr der NS – Politik.

=> BRD betrachtete sich als das Deutschland, welchem sich Deutsche in sowjetischer Besatzungszone anschließen werden.

→ Kritik an sowjetischer Politik, welche deutsche Einheit behindert.

Das Grundgesetz als Schutz vor ähnlichen, vergangenen Ereignissen

Grundgesetz 1949	Lehre aus Weimarer Zeit	Lehre aus Nationalsozialismus
Artikel 1 – 17 Menschen und Bürgerrechte. **Artikel 1** (Menschenwürde für jeden) und **Artikel 20** (Grundsätze des Staatsaufbaus (Demokratie, Föderalismus, Rechts- und Sozialstaatsprinzip)) dürfen nicht verändert werden.		Extreme Verstöße gegen die Menschlichkeit (Vernichtung ganzer Personengruppen, die als wertlos angesehen wurden (rassistisch, biologisch)); willkürliche Strafmaßnahmen.
Bundespräsident nur auf repräsentative Aufgaben beschränkt; keine direkte Wahl, da ausländische Reputation äußerst wichtig ist.	Zu starke Stellung des Reichspräsidenten (**Art. 25** und **48**).	
Bundesverfassungsgericht (**BVG**) prüft Gesetze auf Verfassungsmäßigkeit, kann solche aufheben.	Fehlender Schutz für Verfassungsrechte (Justiz „war auf rechtem Auge blind").	**1933**: Ermächtigungsgesetz hob die Demokratie auf.
Parteien Verfassungsrang bekommen; genießen staatlichen Schutz, müssen aber Ziele auf demokratischen Aufbau des Staates und Verfassung ausrichten.	Offen verfassungsfeindliche Parteien (DNVP, NSDAP, KPD).	
Mehrheitswahlrecht; **1953** 5% - Hürde eingeführt.	Verhältniswahlrecht und fehlende Prozenthürde führten zu Splitterparteien und Neuwahlen.	
Art. 67: konstruktives Misstrauensvotum, Kanzler nur absetzen, wenn Neuwahlen anlaufen, damit keine Zeit ohne Kanzler entsteht.	**Art 54**: Absetzung des Reichskanzlers, ohne dass Neuwahlen einen sicheren Kandidaten hervorbringen.	

---

[8]Online wiederzufinden unter
https://www.bundestag.de/bundestag/aufgaben/rechtsgrundlagen/grundgesetz/gg_00/245200 aufgerufen im März 2016

- **12. Mai 1949** Berlin Blockade wegen offensichtlicher Nutzlosigkeit aufgehoben.
- Nach Blockade setzte sich Meinung durch, das UdSSR aggressive Machtpolitik betreibt.
- **15. und 16.** Mai 1949 Wahl des dritten Volkskongresses in sowjetischer Besatzungszone.
- ⑩ Wollte Staatsbildungsprozess zum Ende bringen, auch über Verfassung abgestimmt worden.
- Nur 66% der Bevölkerung stimmte für Einheitsliste → Niederlage der SED.
- **23. Mai 1949 Bundesrepublik wurde gegründet.**
- Gesamtdeutsche Lösung in Bundesrepublik und Nachbarstaaten erhalten geblieben, Staat nur Provisorium.
- **23. Mai 1949 Grundgesetz tritt** in Bundesrepublik **in Kraft.**
- Parlamentarischer Rat musste alle anderen Staatselemente neu schaffen, ernannte Bonn zur Hauptstadt.
- **7. September 1949 Bundestag tritt zusammen.**
- ⑩ CDU hat knappe Mehrheit, stellt Bundeskanzler Adenauer**.**
- Alliierte setzten **Hohe Kommission** ein, welche Funktion der Militärgouverneure ersetzt.
- ⑩ Wird Deutschland Souveränität nehmen, wenn BRD vom westlichen Kurs abweicht.
- → Kontrolle war nur noch zurückhaltend.
- Auf einzelne Schritte zur Gründung der BRD folgten immer schnell sowjetische Gegenmaßnahmen in deren Besatzungszone.
- => Weg zur DDR.
- **Oktober 1949** Vom dritten Volkskongress bestimmter **Volksrat erklärt sich zur** provisorischen **Regierung** in sowjetischer Besatzungszone.
- **7. Oktober 1949 Gründung der DDR.**
- ⑩ DDR wurde entweder direkt von der SMAD oder indirekt von der SED gelenkt.
- SED beschäftigte sich mit Staatsgründung, versuchte auch Einfluss auf alle Besatzungszonen auszuüben.
- ⑩ „Provisorische Volkskammer" setzt Verfassung in Kraft.
- ▪ Verfassungstradition und Erfahrungen wie in BRD aufgegriffen, aber anders gedeutet.
- ▪ *Marxismus-Leninismus* prägte Gedankengänge; Nationalsozialismus als logische Konsequenz des Kapitalismus verstanden.
- => Aufbau antikapitalistischer, sozialistischer Strukturen prägt Selbstbild der DDR.
- Im *marxistisch-leninistischem* Verständnis muss Proletariat und Partei die Regierung und Gesellschaft sozialistisch gestalten um auf Kommunismus vorzubereiten.
- → Führende Rolle der SED in Staat, Wirtschaft und Gesellschaft sowie Verstaatlichung von Industrie, Handel und Landwirtschaft.
- In DDR ging es darum *marxistisch-leninistische* Wahrheiten in Realität umzusetzen.
- ⑩ Abgrenzung zu BRD, wo Mehrheit Entscheidungen fällt.
- → „Bürgerlich-formalistische" Demokratie gegen „Volksdemokratie".
- ⑩ SED hütet staatliche Politik, Debatten und Entscheidungen in Betrieben nur Detailmaßnahmen.
- DDR Verfassung unterscheidet sich im Inhalt und Umsetzung von BRD Verfassung.
- ⑩ Keine Gewaltenteilung sondern Gewalteneinheit, Partei und Staat personell und institutionell miteinander verbunden, kein föderalistischer sondern zentralistischer Staat.
- ⑩ **Artikel 1:** Staat ist politische Organisation des Proletariats, wird von Arbeiterklasse und marxistisch-leninistischer Partei geführt.
- → SED bekommt führende Rolle in Staat und Gesellschaft.
- **Wahlsystem der DDR.**
- „Blockparteien" ohne politische Selbstständigkeit, lediglich Integration bestimmter Bevölkerungsgruppen in sozialistisches System.
- ▪ CDU Partei in christlichem Humanismus, anfänglicher Widerstand wegen Enteignungen,

integriert Christen in sozialistisches System.

- LDPD (*liberal-demokratische Partei Deutschlands*) integriert „alte Mittelschicht".
- DBD (*demokratische Bauernpartei Deutschlands*) integriert Landbevölkerung, vor allem wegen Zwangskollektivierung wichtig.
- NDPD (*national-demokratische Partei Deutschlands*) integriert Nationale und erzieht Nazis um.

⑩ Parteien stellten sich mit SED und Massenorganen zur Wahl auf **Einheitsliste der „nationalen Front".**

- Liste anzunehmen oder abzulehnen, Annahme bedeute Wahl von Frieden.
- Wahlen *öffentlich*, sodass über 90% Zustimmung von DDR als Erfolg des Systems gedeutet wurde.

⑩ Massenorgane erhielten auch Sitze in Volkskammer, aber Mitglieder auch Mitglieder der SED.

→ Verschleierung der wahren Machtverteilung in der Volkskammer.

- Massenorganisationen haben hohe gesellschaftliche Bedeutung.

⑩ Durch komplexes Vergünstigungs- und Sanktionssystem Mitgliedsanstieg und Integration in SED.

⑩ **FDGB** (*freier deutsche Gewerkschaftsbund*) vertritt nicht Interessen gegenüber Arbeitgeber (Staat) sondern kümmert sich um „*Zusammenarbeit und Kameradschaft der Arbeiter*".

- Gesellschaftliche und soziale Belange der Industriearbeiter behandelt (Ferienanlagen).

⑩ **FDJ** (*freie deutsche Jugend*) für Erziehung und Mobilisierung der Jugendlichen bis 25 Jahren verantwortlich.

- **11. Oktober 1949 Wilhelm Pieck wird Präsident der DDR.**

⑩ Einstimmiges Wahlergebnis, was typisch für DDR ist.

⑩ Präsidentenamt später vom Generalsekretär des Zentralkomitees der SED übernommen.

- **12. Oktober 1949 Otto Grotewohl wird Ministerpräsident der DDR.**
- Regierungserklärungen der DDR betonen Freundschaft zur UdSSR.